AF310828

UNIVERSITÉ DE FRANCE.

ACADÉMIE DE STRASBOURG.

ACTE PUBLIC

Sur les règles particulières aux baux à loyer et à ferme ; sur le
louage des choses, suivant le Droit romain ; sur le désaveu
et sur le billet à ordre ;

PRÉSENTÉ ET SOUTENU

A LA FACULTÉ DE DROIT DE STRASBOURG,

Le vendredi 5 août 1836, à midi,

POUR OBTENIR LE GRÁDE DE LICENCIÉ EN DROIT,

PAR VICTOR BARDY,

DE BELFORT (HAUT-RHIN),

M. KERN, doyen de la faculté.
Président : M. HEPP.

Examinateurs {
MM. Hepp,
Heimburger,
Thieriet,
} Professeurs.
Rau, Professeur suppléant.

*La Faculté n'entend approuver ni désapprouver les opinions particulières
au Candidat.*

STRASBOURG,

De l'imprimerie de F. G. Levrault, imprimeur de l'Académie.

1836.

A MON FRÈRE,

JUGE AU TRIBUNAL CIVIL DE BELFORT.

Témoignage d'amitié.

VICTOR BARDY.

DROIT CIVIL.

DES RÈGLES PARTICULIÈRES

AUX BAUX A FERME ET A LOYER.

Outre des règles communes, les baux à loyer et les baux à ferme ont encore des règles particulières, ayant rapport : 1.° aux obligations du bailleur; 2.° à celles du preneur; 3.° à la résolution du bail.

SECTION PREMIÈRE.

Des règles particulières aux baux à loyer.

A. *Des obligations particulières du bailleur à loyer.*

Unde isposition formelle du Droit romain, connue sous le nom de loi *Æde*, donnaît au propriétaire d'une maison louée le droit d'expulser le preneur et de faire résilier le bail avant son expiration, pourvu qu'il prouvât que sa maison était nécessaire à son usage personnel, et pourvu qu'il n'eût point renoncé à ce droit par une stipulation expresse. C'est la loi 5, *Cod. de loc. cond. Æde quam te conductam habere dicis, si pensionem domino in solidum solvisti, invitum te expelli non oportet nisi propriis usibus dominus eam necessariam esse, probaverit.* Cette disposition, admise dans l'ancienne jurisprudence, avait donné naissance à une foule d'abus; aussi les rédacteurs du Code civil ont-ils consacré une décision opposée, par la raison que cette faculté du bailleur d'expulser le preneur rendait souvent illusoire un contrat qui, pas plus que tout autre, ne devait dépendre de la volonté d'une seule des parties. D'après l'article 1761 le bailleur ne peut résoudre la location, encore qu'il déclare vouloir occuper par lui-même, s'il n'y a convention contraire. La nouvelle législation a donc laissé au bailleur le pouvoir de se réserver la faveur que lui accordait l'ancienne, mais du Droit commun d'autrefois elle a fait l'exception, et *vice-versa.*

Le bailleur est tenu de faire à la chose louée toutes les réparations dont elle peut avoir besoin, excepté les réparations de menu entretien, appelées *locatives,* qui, comme nous le verrons plus bas, sont à la charge des locataires (1720).

Bien plus, le bailleur est encore tenu spécialement du curement des puits et de celui des fosses d'aisance, à moins de convention contraire, ainsi que des réparations locatives, quand elles n'ont été occasionnées que par vétusté ou force majeure, puisqu'alors il est prouvé que le dommage ne provient ni du défaut de soin, ni de la faute du locataire (1756, 1755).

B. *Des obligations particulières du preneur à loyer.*

Le locataire doit garnir la maison louée de meubles suffisants pour assurer le paiement des loyers, et à défaut de ce faire, il peut être expulsé par le bailleur, à moins de fournir d'autres sûretés équivalentes (1752); mais il n'est pas besoin que les meubles soient d'une valeur propre à répondre du loyer pendant tout le temps du bail; il suffit qu'ils puissent en répondre pendant le terme courant avec les frais de saisie et de vente. Remarquons aussi que la nature et la quantité des meubles qui doivent servir de gage, se règlent d'après la condition du preneur et la destination donnée dans le bail aux lieux loués. Le bailleur qui prétend que la maison n'est pas suffisamment garnie et qui veut en expulser le preneur, doit faire assigner celui-ci aux fins de quitter la maison, faute par lui de la garnir comme il en était tenu. Si le locataire soutient qu'elle est garnie, le tribunal ordonnera une visite et se décidera d'après elle.

Il faut assimiler au locataire qui ne garnit pas la maison de meubles suffisants, celui qui fait enlever ceux qu'il y avait d'abord conduits, lorsqu'il n'en reste plus assez pour assurer le paiement des loyers : il peut donc aussi être expulsé par le bailleur.

La disposition de l'article 1752 a pour but d'assurer au bailleur l'exercice du privilége que lui confère l'article 2102, 1.° Cet article met au premier rang des créances privilégiées sur certains meubles, les loyers et fermages des immeubles sur les frais de la récolte de l'année et sur le prix de tout ce qui garnit la maison louée ou la ferme; savoir : pour tout ce qui est échu et pour tout ce qui est à échoir si les baux sont authentiques, ou si, étant sous signature privée, ils ont une date certaine; et à défaut de baux authentiques, ou lorsque, étant sous signature privée, ils n'ont pas une date certaine, pour une année, à partir de l'expiration de l'année courante. Le même privilége a lieu pour les réparations locatives et pour tout ce qui concerne l'exécution du bail.

Ce privilége du bailleur s'étend sur tous les meubles qui garnissent les lieux loués, même sur ceux des tiers, lorsque c'est de leur consentement exprès ou tacite qu'ils y sont. Ainsi, il faut excepter des meubles soumis au privilége, par exemple, les objets volés, introduits dans la maison, parce qu'alors on ne peut pas supposer de la part du propriétaire de ces objets, un consentement quelconque à ce qu'ils garnissent la maison; les choses qui sont dans la maison, non pour y rester ou pour la garnir, mais qui n'y sont qu'en passant; les meubles donnés en dépôt ou en nantissement, pourvu qu'ils soient renfermés et non en évidence, et même les meubles portés dans la maison en dépôt nécessaire, quoiqu'ils soient en évidence; enfin, l'argent comptant et les titres de créance, parce que ce ne sont pas des choses qui garnissent la maison. Il faut encore établir une exception partielle en faveur des sous-locataires, qui ne sont ténus envers le propriétaire que jusqu'à concurrence du prix de leur sous-location, dont ils sont débiteurs envers le locataire principal au moment des poursuites, à raison des lieux qu'ils occupent, sans qu'ils puissent néanmoins opposer les paiements faits d'avance, à moins qu'ils n'aient été faits sans fraude et en vertu d'une stipulation portée dans le bail (1753). De ce que le sous-locataire n'engage ses meubles que jusqu'à concurrence de sa sous-location, on a douté si les meubles de celui à qui le locataire aurait donné une habitation gratuite d'une partie de la maison louée, devaient être obligés envers le bailleur au paiement du loyer de la maison. Nous croyons que ces meubles doivent y être obligés à proportion de la partie qu'ils occupent; car une décision contraire favoriserait singulièrement la fraude.

Outre le privilége dont il vient d'être question, le bailleur jouit encore, pour se faire payer des loyers: 1.° du droit de suite énoncé en l'article 2102, 1.° à la fin; 2.° du droit de saisie-gagerie, réglé par les articles 819, 820 et 821 du Code de procédure.

Quoiqu'en général les réparations soient à la charge du bailleur, il en est cependant quelques-unes que l'usage a réservées au preneur, s'il n'y a clause contraire dans le bail : ce sont, comme nous l'avons déjà dit, les réparations locatives. On appelle ainsi toutes les menues réparations d'entretien, qui ne proviennent ni de la vétusté ni de la mauvaise qualité des choses à réparer. La loi présume qu'elles ont été occasionnées par la faute des locataires ou par celle de leurs domestiques et des personnes qu'ils ont introduites chez eux; et, en effet, c'est ce qui arrive ordinairement. Pour savoir quelles réparations sont locatives, il faut, avant tout, consulter l'usage des lieux. L'article 1754 nous énumère les réparations locatives les plus communes; mais ce n'est que par forme d'exemple.

Au reste, le locataire n'est pas obligé de réparer les choses louées au point de les rendre meilleures qu'elles n'étaient lors du contrat; il suffit qu'il représente celles qu'il a reçues, bonnes ou mauvaises, telles qu'elles étaient; aussi est-il de son intérêt de faire constater l'état des lieux, suivant l'article 1730, pour ne point être tenu par la présomption portée en l'article 1731.

Remarquons enfin que la décision des différentes contestations, pour réparations locatives, est attribuée aux juges de paix par la loi du 24 août 1790 et l'article 3, 3.°, du Code de procédure civile.

Le locataire répond de l'incendie, à moins qu'il ne prouve que l'incendie est arrivé par cas fortuit ou force majeure, ou par vice de construction, ou que le feu a été communiqué par une maison voisine (1733). Comme débiteur de la chose louée envers celui qui la lui a confiée, il doit veiller à sa conservation en bon père de famille, et il y a présomption légale, à moins de preuve contraire, que l'incendie provient de sa faute ou de celle des personnes dont il est responsable; il doit donc, pour sa libération, justifier du cas fortuit, qui s'oppose à la restitution de la chose. C'est là une disposition d'intérêt général, dont le but est d'obliger les locataires à une surveillance que le bailleur ne peut donner à une chose qui n'est plus sous sa garde immédiate. Nous voyons le même principe écrit dans le Droit romain, par la raison que *plerumque incendia culpa fiunt inhabitantium*. Mais ce droit ne consacrait la responsabilité du locataire pour le fait de ses domestiques et des autres personnes qu'il a reçues chez lui, qu'autant qu'il y avait eu de sa part quelque faute de les avoir reçues : *Mihi ita placet,* dit ULPIEN, *ut culpam etiam eorum quos induxit præstet suo nomine (conductor), etsi nihil convenit si tamen culpam in inducendis admittit quod tales habuerit vel suos, vel hospites.* POTHIER nous apprend que cette distinction des jurisconsultes romains était fort embarrassante dans la pratique; aussi adopte-t-il la doctrine de l'entière responsabilité du locataire, professée par la jurisprudence française de son temps, comme étant bien plus simple et bien plus utile à la conservation de la sûreté publique.

Mais la présomption légale de l'article 1733 ne peut être invoquée que par le propriétaire de la maison louée contre le locataire, et par le locataire principal contre ses sous-locataires. Quelques textes de lois romaines semblaient conduire à l'extension de cette présomption. C'est pourquoi l'ancienne jurisprudence ne présentait sur cette matière aucune fixité. D'après les articles 1382 et 1383 le locataire peut devoir des indemnités aux voisins ou à ses co-locataires qui ont éprouvé un dommage par suite de l'incendie; mais c'est seulement au cas où ceux-ci prouveraient qu'il a eu lieu par sa faute ou celle des personnes dont il répond; car on rentre dans la règle générale de l'article 1315, traduction de la maxime : *probandi necessitas incumbit ei qui agit; §. 4, in fine, Inst. de leg.* L'article 1733 est une dérogation au Droit commun; c'est une exception qui ne peut ni se suppléer, ni s'étendre.

S'il y a plusieurs locataires, tous sont solidairement responsables de l'incendie, à moins qu'ils ne prouvent que l'incendie a commencé dans l'habitation de l'un d'eux, auquel cas celui-là seul en est tenu; ou que quelques-uns ne prouvent que l'incendie n'a pu commencer chez eux, auquel cas ceux-là n'en sont pas tenus (1734).

Cette exception à l'article 1202 a encore été motivée par l'intérêt général; elle a pour objet d'obliger les locataires à se surveiller mutuellement. Chacun d'eux peut donc être poursuivi par le propriétaire de la maison brûlée, sauf dans les cas exceptés par l'article 1734, pour la réparation de tout le dommage. Mais comme chacun n'est aussi tenu vis-à-vis des autres locataires de la maison que *pro parte virili,* il aura son recours contre eux pour le remboursement de l'excédant qu'il a payé.

Le propriétaire peut, en vertu de l'article 1733, poursuivre le locataire lors même que celui-ci aurait sous-loué ou cédé son droit au bail; car il ne dépend nullement du locataire de se soustraire par son propre fait à la responsabilité légale : mais rien n'empêche que le propriétaire ne dirige en même temps un recours contre les sous-locataires. Par le seul événement de l'incendie, le propriétaire est devenu le créancier du locataire, il peut ainsi, d'après l'article 1166, exercer les actions de celui-ci contre les sous-locataires.

C. *Des règles particulières à la résolution du bail à loyer.*

La durée du bail se règle par la volonté des parties, exprimée dans l'acte. A défaut d'acte ou de stipulation formelle et s'il y a dissentiment entre les parties, il faut consulter l'usage du pays où l'on se trouve. Cet usage variait autrefois avec les différentes coutumes. Aussi les rédacteurs du Code auraient-ils désiré établir sur ce point une législation uniforme pour toute la France, mais ils ont été arrêtés par la crainte de blesser les habitudes des diverses localités, et ont préféré renvoyer encore à l'usage pour l'observation des délais du congé (art. 1736). Quelquefois la loi, suppléant au silence des parties, détermine elle-même la durée du bail. Le bail des meubles fournis, pour garnir une maison entière, un corps de logis entier, une boutique ou tous autres appartements, est censé fait pour la durée ordinaire des baux de maison, corps de logis, boutiques et autres appartements, selon l'usage des lieux (1757). Ces meubles, quoique n'appartenant pas au locataire, servent néanmoins en faveur du propriétaire de gage pour le paiement des loyers, car celui qui les a loués est censé y avoir consenti. Cependant ce consentement tacite ne peut s'entendre que pour le temps ordinaire d'un bail non écrit, d'après l'usage des lieux; et la stipulation d'une durée plus longue pour le bail de la maison, corps de logis, etc., ne peut porter préjudice au propriétaire des meubles qui, en les louant, n'est pas réputé connaître les diverses clauses du bail de la maison, etc., etc.

D'après l'article 1758, le bail d'un appartement meublé est censé fait à l'année quand il a été fait à tant par an; au mois, quand il a été fait à tant par mois; au jour, quand il a été fait à tant par jour. Si rien ne constate que le bail soit fait à tant par an, par mois ou par jour, la location est censée faite suivant l'usage des lieux; mais il ne faut pas entendre à la lettre la disposition de cet article, car la location d'un appartement, moyennant telle somme par an, dans les lieux où les locations ne sont pas faites d'ordinaire pour une année, n'est pas pour cela censée faite pour un an, quand même il y aurait un bail écrit, si ce bail ne contenait aucune fixation de durée : il faut encore ici s'en référer à l'usage des lieux.

Si, à l'expiration du bail à terme fixe, le locataire d'une maison ou d'un appartement continue sa jouissance sans opposition de la part du bailleur, il résulte du consentement tacite et réciproque des parties un nouveau bail, dont la durée est déterminée par l'usage des lieux (1759); mais pour qu'il y ait lieu à cette présomption, il faut que le locataire soit resté dans la maison ou l'appartement un temps suffisant pour faire présumer le consentement. Le Droit romain ni le Code civil ne donnent sur ce point aucune indication, et nous ne trouvons dans les Coutumes que des règles différentes selon les pays. Les tribunaux devront donc se décider ici suivant les circonstances et l'usage des lieux.

Le propriétaire qui se voit contraint d'expulser le locataire pour fautes de celui-ci, ne doit point perdre le montant des loyers pendant le temps qu'il restera sans relouer sa maison. L'article 1760 lui donne le droit de demander au locataire le prix du bail pendant le temps nécessaire à la relocation, sans préjudice des dommages-intérêts qui résulteraient de l'abus. Mais s'il survient une contestation relativement à l'exercice de ce droit du bailleur, il est du devoir du juge d'examiner si ce dernier a fait toutes les diligences pour relouer, et de prévenir toute fraude de sa part.

SECTION II.

Des règles particulières aux baux à ferme.

A. *Des obligations particulières du bailleur à ferme.*

Le bailleur à ferme doit délivrer au fermier tous les accessoires de la chose louée, comme les fumiers, pailles, fourrages et autres, suivant l'usage du pays. Tel était déjà autrefois l'avis d'ULPIEN (*L.* 19, §. 2, *D. Locat. cond.*). *Illud nobis videndum est*, dit-il, *si quis fundum locaverit, quæ soleat instrumenti nomine conductori præstare, quæque si non præstet ex locato teneatur.*

Il est encore tenu de faire avoir au preneur la contenance portée dans le contrat; mais comme il peut arriver que dans la désignation des biens affermés il y ait erreur en plus ou en moins, pour décider les difficultés qui pourraient s'élever à ce sujet, il est tout naturel de recourir aux principes établis en pareille matière dans le titre XII du Code civil pour le contrat de vente; car il existe entre le louage et la vente une ressemblance frappante : *locatio et conductio proxima est emptioni et venditioni, hisdemque juris regulis consistit.* Il n'y aura donc lieu à augmentation ou à diminution que dans les cas et suivant les règles exprimées aux articles 1617, 1618 et 1619 du Code civil (1765).

B. *Des obligations particulières du fermier.*

Ces obligations sont relatives ou au mode d'user de la chose louée, ou au paiement du prix :

1.° *Au mode d'user de la chose louée.* Le preneur d'un héritage rural est tenu de n'en point abandonner la culture, de le garnir des bestiaux et ustensiles nécessaires à son exploitation, de n'employer la chose louée à aucun autre usage que celui auquel elle a été destinée, de ne rien faire pour augmenter sa jouissance qui puisse porter préjudice au propriétaire, d'agir enfin comme un bon et soigneux père de famille a coutume de le faire, et généralement d'exécuter toutes les clauses du bail. Faute par lui de se conformer à toutes ces obligations, s'il en provient un dommage pour le bailleur, celui-ci peut, suivant les circonstances, faire résilier le bail et exiger du preneur les dommages-intérêts résultant de son inexécution (1766).

Le preneur doit de plus engranger dans les lieux à ce destinés d'après la bail (1767). Cette disposition a pour but d'empêcher que les fermiers ne détournent les fruits de la ferme pour les soustraire aux droits du propriétaire; car outre le privilége de celui-ci sur ce qui garnit sa ferme, et sur ce qui sert à son exploitation, il en possède encore un sur les fruits de la récolte de l'année (2102, 1.°), privilége que lui accordait déjà la loi 7, *D. In quib. caus. pign. In prædiis rusticis fructus qui ibi nascuntur, tacite intelliguntur pignori esse domino fundi locati, etiamsi nominatim id non convenerit.*

L'obligation du fermier de jouir en bon père de famille (1728), l'engage aussi à veiller à ce qu'il ne se fasse, pendant le cours de son bail, aucune usurpation des terres de la métairie. Aussi est-il tenu, sous peine de tous dépens, dommages et intérêts, d'avertir le propriétaire des usurpations qui peuvent être commises sur les fonds. Cet avertissement doit être donné dans le même délai que celui qui est fixé en cas d'assignation par les articles 72, 73 et 1038 du Code de procédure civile, suivant la distance des lieux entre le le fonds rural que cultive le fermier et le domicile du propriétaire (1768). Remarquons, en passant, que l'article 1768, rangé sous la rubrique des règles particulières aux baux à ferme, contient cependant une disposition applicable aussi aux baux à loyer.

Le fermier, en sortant, est tenu de laisser à celui qui lui succède dans la culture, les logemens convenables et autres facilités pour les travaux de l'année suivante; et réciproquement le fermier entrant doit procurer à celui qui sort les logemens convenables et autres facilités pour la consommation des fourrages et pour les récoltes restant à faire: dans l'un et l'autre cas, on doit se conformer à l'usage des lieux (1777). Il est en effet de l'intérêt public de procurer toutes les facilités pour la culture continue des héritages ruraux. D'ailleurs chaque fermier, en supportant l'obligation dont il vient d'être parlé, jouit aussi d'un avantage corrélatif: il s'opère donc une espèce de compensation. Le fermier sortant doit aussi laisser les pailles et engrais de l'année, s'il les a reçus lors de son entrée en jouissance; et quand même il ne les aurait pas reçus, le propriétaire pourra les retenir suivant l'estimation (1778) : cette dérogation au droit de propriété a été motivée par l'intérêt de l'agriculture. Quant aux fourrages, le fermier doit aussi laisser ceux de l'année, s'il a trouvé ceux de l'année où il est entré en jouissance; mais il peut emporter le foin qui n'est pas destiné à la nourriture des animaux de la ferme, qui doit être vendu ou qui doit servir à nourrir le cheval personnel du fermier. Nous croyons de plus que, malgré l'analogie qui existe entre ce cas et celui dont il est question dans l'article 1778, si le fermier n'a point reçu de fourrages lors de son entrée en jouissance, le propriétaire ne peut retenir ceux de l'année, suivant l'estimation. La dernière partie de l'article 1778 est une dérogation au Droit commun, qui doit être restreinte au cas qu'elle embrasse.

Le bail fait sous la condition d'un partage de fruits n'est pas proprement un bail à ferme : c'est un bail à culture fait la plupart du temps en considération du colon partiaire; c'est même une espèce de société, dans laquelle le propriétaire apporte pour sa mise le fonds de terre, et le colon les semences et son travail; d'où il résulte, 1.° que le colon partiaire ne peut (*quasi societatis jure*) associer une tierce personne au contrat intervenu entre lui et le bailleur sans le consentement exprès de celui-ci (1681), c'est-à-dire qu'il ne peut ni sous-louer ni céder son droit, si la faculté ne lui en a été expressément accordée par le bail (1763). En cas de contravention, le propriétaire a droit de rentrer en jouissance, et le preneur est condamné aux dommages-intérêts résultant de l'inexécution du bail (1764). Dans le bail ordinaire, peu importe au bailleur quelles personnes occupent et cultivent les lieux loués, pourvu que le montant des fermages lui soit exactement payé aux termes fixés, pourvu que la culture de ses terres soit bien soignée, il a toujours, en cas de non-paiement, son recours contre celui avec lequel il a contracté pour le contraindre à satisfaire aux obligations écrites dans le bail, quand même celui-ci aurait cédé ses droits audit bail : mais il n'en est plus de même quand il s'agit du paiement des fermages en nature; le propriétaire, en louant sa ferme au colon partiaire, a compté sur son habileté, sur ses connaissances en agriculture, et comme les fermages dépendent ici de la quotité et de la valeur des récoltes, il est bien évident que le colon partiaire ne peut se faire remplacer sans le consentement du propriétaire; 2.° qu'en cas de décès du colon, le propriétaire n'est pas tenu d'entretenir le bail (argum. 1865, 3.°). *Solvitur adhuc societas,* porte le §. 5, *Inst. De societ., etiam morte socii, quia, qui societatem contraxit, certam personam sibi eligit.*

2.° *Au paiement du prix.* En général, le preneur qui se trouve privé pendant un certain temps de la jouissance de la chose louée, peut réclamer du bailleur, à titre d'indemnité, une diminution du loyer proportionnée au temps pendant lequel il n'a pu jouir. L'article 1769 a établi des règles spéciales relativement à la non-jouissance des fermiers pour cause de cas fortuits. «Si le bail est fait pour plusieurs années, porte cet article, et que pendant la durée du bail la totalité ou la moitié d'une récolte au moins soit enlevée par des cas fortuits, le fermier peut demander une remise du prix de sa location, à moins qu'il ne soit indemnisé par les récoltes précédentes; s'il n'est pas indemnisé, l'estimation de la remise ne peut avoir lieu qu'à la fin du bail, auquel temps il se fait une compensation de toutes les années de jouissance; et cependant le juge peut provisoirement dispenser le preneur de payer une partie du prix, en raison de la perte soufferte. Pour qu'il y ait lieu à la remise du prix, il faut donc le concours de plusieurs circonstances. a. Il faut que la cause de la perte de la récolte soit une force majeure que le fermier n'ait pu empêcher (*vis cui resisti non potest*). b. Il faut que la perte soit de la moitié d'une récolte au moins; car, comme le fermier court la chance de faire des récoltes très-abondantes, pour lesquelles il ne devrait aucune augmentation de prix, on n'a pas voulu qu'il pût demander une remise pour toute privation de fruits, quelque minime qu'elle soit, mais seulement pour la perte de moitié au moins d'une récolte arrivée en une année. *Modicum damnum æquo animo ferre debet colonus, cui immodicum lucrum non aufertur.* Mais doit-on, pour accorder cette remise, prendre en considération la vilité ou l'élévation du prix des denrées? Il faut s'attacher uniquement au point de savoir si le fermier a eu la moitié d'une récolte ordinaire; ce qui, en cas de contestation, sera réglé par un rapport d'experts. S'il a eu plus que cette moitié, malgré la vilité du prix des denrées, il n'est point recevable à demander de remise; car la valeur des denrées est une chose variable en raison des circonstances; c'est une chance à laquelle le fermier s'est tacitement soumis par le contrat. D'ailleurs l'article 1769 ne parle que de la quotité de la récolte et nullement de sa valeur. Mais si le fermier a couru une mauvaise chance quant à la vilité du prix des denrées, il est juste qu'il coure aussi la bonne quant à son élévation, d'après la règle : *quem sequuntur incommoda, eumdem debent sequi commoda.* Aussi, quand bien même une année le prix des denrées serait très-élevé, s'il n'a pas recueilli la moitié au moins de la récolte, il pourra demander une diminution du prix de ses fermages. Lorsque l'héritage rural affermé pour un seul et même prix, se compose de différentes parties produisant différentes espèces de fruits, et si la récolte n'a manqué que dans une de ces parties, il faut, pour l'estimation du dommage, avoir égard aux récoltes de toutes les parties. Mais il en serait autrement, si les parties d'une ferme composée de divers fonds, étaient affermées chacune pour des prix distincts et séparés; on procède à l'égard d'une d'entre elles sans relation avec les autres, et cela encore que les différents fonds aient été donnés à ferme par un seul et même acte. c. Il faut que la perte de la récolte de l'année pour laquelle le fermier demande une remise, ne soit pas compensée par quelque abondance dans les autres années du bail, soit dans celles qui ont précédé cette année, soit dans celles qui l'ont suivie. Toutefois, si une année le fermier a souffert la perte de la moitié d'une récolte, et qu'après avoir fait la balance entre les années de fertilité et celles de stérilité, il résulte en définitif que le fermier n'est privé seulement que d'une partie de récolte moindre que la moitié, il n'y aura pas lieu à lui refuser une remise, parce qu'il a été dans le cas prévu par la loi; mais celle-ci sera en proportion de la partie de la récolte dont il a été privé. *d*. Il faut que la perte soit arrivée sur les fruits encore pendants. Le fermier ne peut obtenir de remise lorsque la perte de ces fruits arrive après qu'ils sont séparés de la terre; car ils sont alors à ses risques, d'après l'adage : *res perit domino*. Il faut cependant excepter le cas où le bail donne au propriétaire une quotité de la récolte en nature; le propriétaire doit alors supporter sa part de la perte, pourvu que le preneur n'ait pas été en demeure de lui délivrer sa portion de récolte (1771). Lors même que le débiteur serait en demeure, il n'y aurait encore pas lieu à remise, si les fruits fussent également péris chez le propriétaire, au cas où ils lui auraient été livrés (1302). *e*. Il faut que la cause de la perte n'ait point été existante et connue à l'époque où le bail a été passé (1771); car autrement le fermier est censé avoir voulu se soumettre aux chances de la perte que présentait cette cause. *f*. Il faut enfin que le fermier ne se soit pas chargé des cas fortuits, ce qu'il peut faire, aux termes de l'article 1772, par une stipulation expresse : cependant cette stipulation ne s'entend que des cas fortuits ordinaires, tels que grêle, feu du ciel, gelée ou coulure; elle ne s'entend pas des cas fortuits extraordinaires, tels que les ravages de la guerre, ou une inondation, auxquels le pays n'est pas ordinairement sujet, à moins que le preneur n'ait été chargé de tous les cas fortuits prévus ou imprévus (art. 1773); car, ces cas fortuits étant très-rares, le preneur n'a pu y songer lors du contrat; il est à présumer qu'autrement il ne s'en serait pas chargé (1156, 1162, 1163): *transactio quæcumque sit de his tantum de quibus inter convenientes placuit, interposita creditur. L.* 9, *D. De transact.* Si le bail n'est que d'une année et que la perte soit de la totalité des fruits, ou au

moins de la moitié, le preneur sera déchargé d'une partie propor-
tionnelle du prix de la location; il ne pourra prétendre aucune remise, si la perte est moindre de moitié (1770). Les demandes de
remises pour perte de récolte doivent être portées devant les justices
de paix, aux termes de l'article 3, 4.°, du Code de procédure civile, pourvu que le droit ne soit pas contesté; car alors l'affaire appartiendrait
à la juridiction civile ordinaire, si toutefois le montant de la demande excédait cent francs.

C. *Des règles particulières à la résolution du bail à ferme.*

Le bail sans écrit d'un fonds rural, est censé fait pour le temps qui
est nécessaire afin que le preneur recueille tous les fruits de l'héritage
affermé. Ainsi le bail à ferme d'un pré, d'une vigne et de tout autre
fonds dont les fruits se recueillent en entier dans le cours de l'année,
est censé fait pour un an; le bail des terres labourables, lorsqu'elles
se divisent par soles ou saisons, est censé fait pour autant d'années
qu'il y a de soles (1774). Le bail des héritages ruraux, quoique fait
sans écrit, cesse de plein droit à l'expiration du temps pour lequel il
est censé fait, selon ce qu'il vient d'être dit (1775). Il n'est plus ici
nécessaire de donner congé, malgré l'argument qu'on a voulu tirer
de l'article 1736, qui, bien que placé sous la rubrique des règles
communes aux baux des maisons et des biens ruraux, n'est cependant
applicable qu'aux baux à loyer. Il y a en quelque sorte un terme
fixé par la nature pour la durée des baux à ferme; c'est le temps
nécessaire pour recueillir tous les fruits de l'héritage : il n'y a donc
pas besoin de congé pour établir cette durée.

Si, à l'expiration des baux écrits, le preneur reste et est laissé
en possession, il s'opère un nouveau bail, dont l'effet est réglé par
l'article 1774 (1776).

JUS ROMANUM.

DE LOCATIONE CONDUCTIONE.

Locare proprie est in aliquo loco ponere. Hinc locare dicuntur qui in domo fundove constituunt aliquem ad habitandum vel utendum fruendum et generaliter usu obtinuit ut locare dicerentur qui rem alteri utendam fruendam non gratis sed ob aliquid concedunt.

Rei locatio conductio est contractus consensualis de usu rei ad certum tempus pro certa mercede præstando. Ex hac definitione sequitur tria ad hujus contractus substantiam pertinere : 1. consensum; 2. rei usum; 3. mercedem.

Locatio conductio proxima est emptioni venditioni et quasi quædam usus rei emptio venditio est, adeo ut dubitari in quibusdam soleat emptio an locatio sit contracta. Differunt tamen : 1. in emptione venditione præstatur habere licere, in locatione conductione utifrui solummodo; 2. emptio venditio est causa perpetua, titulus habilis ad transferendum dominium, locatio conductio causa temporalis nec dominium neque quidem possessionem ad usucapiendum transfert sed solum usumfructum.

Is qui rem fruendam tradit, *locator;* qui suscipit, *conductor* appellatur, speciatim conductor prædii rustici vocatur *colonus,* prædii urbani *inquilinus.*

A. *Quoad consensum notandum est.*

Simul atque de pretio convenerit, contrahitur locatio conductio nec præsens rei traditio neque ulla verborum solennitas exigitur, nisi in scripturam redigere leges contractus expresse pacti sint contrahentes. Tum perfecta erit locatio conductio, postquam instrumenta fuerint conscripta, et omnibus suis numeris absoluta.

Quibuscumque locare licet, qui consentire possunt, exceptis tamen curialibus, militibus, clericis, ne omissis muneribus ad opus rurestre se conferant, palatinis, tutoribus ac curatoribus, quibus sola fiscalium et principalium rerum conductio ante redditas rationes prohibita est; nec non reliquatoribus vectigalium ad iterandam conductionem, antequam superiori conductioni satisfaciant.

Ad locandum conducendum nemo cogi potest. Qui vero maximos fructus ex redemptione vectigalium consecuti sunt, si postea tanto locari nequeunt, ipsi ea prioribus pensionibus suscipere coguntur.

B. *Quoad usum rei.*

Omnes res quæ sunt in natura hominumque commercio locari possunt. Nequeunt autem res quæ usu consumuntur, servitutes reales principaliter et per se et servitus personalis usuarii.

Ususfructus jusque habitationis recte locantur. Quin etiam rei alienæ conductio valet; si vero dominus conductorem frui non patiatur, locator tenebitur conductori, ut ei præstetur, quod conduxit frui licere.

Quid vero de rei propriæ conductione? consistere non potest. Cum enim proprium sit dominii, posse re sua uti, iniquum esset cuiquam a domino pro usu pecuniam concedi.

C. *Quoad mercedem,*

1. Vera merces esse debet; nam aliter non erit locatio conductio, sed donatio usus rei. Quin etiam si quis conduxerit nummo uno, conductio nulla est; quia et hoc donationis instar inducit.

2. Quamquam liceat contrahentibus se invicem circumscribere in quantitate mercedis, dum nullus dolus adhibeatur, justa tamen merces requiritur. Si ergo minor sit dimidia parte veri pretii, locator

agere potest ad rem suam recipiendam, intercedente auctoritate judicis, nisi conductor quod deest justo pretio solvere maluerit.

3. Certam mercedem, id est quantitatem mercedis bene statutam esse oportet. Quod si itaque merces promissa sit generaliter alieno arbitrio, locatio conductio contrahi non videtur. Sin autem homo Titius, in cujus arbitrium merces collata sit, eam definierit omnimodo secundum ipsius æstimationem persolvenda erit. Quod si vero vel noluerit vel non potuerit definire, nulla erit locatio conductio quasi nulla mercede constituta. Quid igitur, si ab initio merces constituta non sit, sed quanti postea convenerit? tunc non est proprie locatio conductio, sed contractus innominatus, qui præscriptis verbis actionem producit. Si decem tibi locem fundum, tu autem existimes quinque te conducere nihil agitur; sed et si ego minoris me locare sensero, tu pluris te conducere, utique, non pluris erit conductio quam quanti ego putavi. In eo quod pluris sit, semper inest et minus.

4. Sicut in emptione venditione pretium, ita in locatione conductione, merces in pecunia numerata consistere debet. Si tamen res locata fructus producat, pro mercede pars fructuum præstari potest, modo ejus quantitas definiatur; quo casu conductor *colonus partiarius* vocatur.

Locator et conductor, quidquid in lege conductionis convenerunt, præstare tenentur; utrique vero particulares sunt obligationes.

Obligationes locatoris è quibus contra eum nascitur actio conducti in his præcipue consistunt :

1.° Ut conductori rem locatam unà cum accessoriis tradat;

2.° Ut conductori sive cui rem ablocavit re conducta frui licere præstet. Quando autem actioni conducti locus erit propter non usum conductoris? Si per ipsum locatorem citra justam causam, si per alium quidem quem prohibere potuit aut ex causa evictionis quæ tempore contractus jam existebat, conductor frui nequit, competet hæc actio in id quod interest frui non licere, quamvis bonæ fidei locator fuisset. Idem juris est, si ex nova causa frui non liceat et factum culpave locatoris argui possit. In his supradictis casibus conductor impeditus utifrui, non modo a locatore mercedem conventam numeratam forte repetit, sed et eo amplius exigit quam relocando ab aliis sibi stipulatus est, et id quanti interest sua perfrui locatione. Aliter autem si culpa careat locator et ex causa post contractum superveniente frui non liceat, conductori competit quidem actio conducti sed in id duntaxat ut merces ex quo non fruitus est remittatur, aut si prærogata sit, reddatur. Quin etiam, conductor non videtur frui licere; quum per aliquam vim majorem nullos è re conducta fructus perceperit. Est autem vis major, quam Græci θεȣ βιαν appellant omnis vis cui resisti non potest. Recte itaque agit conductor ad exigendam remissionem mercedis ejus temporis quo fructus non erunt, dummodo hæc concurrant : 1. ut vis major extrinseca et extraordinaria; 2. ut damnum quod passus est immodicum nec aliorum annorum ubertate pensatum; 3. ut fructus adhuc pendentes fuerint; 4. nec ipse in locatione conductione casibus vis majoris oneratus sit. Apparet autem de eo nos colono dicere qui ad pecuniam numeratam conduxit : alioquin partiarius colonus, quasi societatis jure et damnum, et lucrum cum domino fundi partitur.

Imo, si quocumque modo res locata deterior facta sit, nulla dubitatio est quin liceat colono vel inquilino relinquere conductionem et aliquam ex mercedibus futuri temporis petere remissionem.

3.° Ut damna dolo culpave data, vitiisque rei conductæ contracta, quæ ignorare non debuerit, resarciat.

4.° Ut omnes rei refectiones faciat, impensasque necessarias conductori refundat. Quoad utiles non cogitur refundere; tunc vero rei conductæ a se adsplicita conductor tollere potest, sic tamen ut damni infesti caveat, ne in aliquo, dum aufert rei deteriorem causam faciat, sed ut præstinam faciem reddat.

Obligationes conductoris quæ actionem locati contra eum producunt, sunt hæ :
ducunt, sunt hæ :

1. Ut mercedem solvat una cum usuris legitimis, ei merces ex mora debeatur.

2. Ut, finita locatione, rem locatori reddat, et quidem hanc restitutionem non debet morari lis quam de hujus rei dominio locatori conductor inferret.

3. Ut dolum et custodiam præstet, non etiam casum cui resisti non potest, si quidem culpa ejus non præcesserit. Ideo prospicere debet, ne aliquo vel jus rei vel corpus deterius faciat, vel fieri patiatur et omnia secundum legem conductionis facere debet. Præsertim colonus curare debet ut opera rustica suo quoque tempore faciat, ne intempestiva cultura deteriorem fundum faceret. Quin etiam culpam eorum quos induxit, si tamen culpam in inducendis admisit quod tales habuerit vel suos vel hospites præstare debet; culpæ autem ipsius et illud adnumeratur, si propter inimicitias vicinus rem deteriorem faciat.

Finitur locatio conductio : 1. finito tempore locationis. Quod si nullum tempus expressum sit, putaverim in rusticis prædiis in annum factam locationem videri ut percipi fructus queant, qui semel tantum quotannis in agris nascuntur, in urbanis tamdiu quod alteruter contractui renunciet; 2. rei interitu; 3. resoluto jure locantis. Si locator rem quasi propriam locaverit ex conducto tenebitur in id quod interest, quia conductorem decepit; 4. si conductor rei conductæ dominium acquisiverit; 5. alienatione rei. Locatoris enim successor singularis non tenetur stare ejus conductori, sed à novo domino expulsus, is cum locatore vel ejus herede habet actionem, ut hoc detrimentum resarciatur. Vice versa, conductor stare successori singulari non cogi potest; 6. aliquando morte locatoris, si is rem quasi usufructuarius locasset. Præterea rei locatio ita facta, quoad is qui eam locasset vellet, morte ejus qui locavit quasi mutatione voluntatis tollitur. Idem dicendum est de morte coloni partiarii, quæ contractum ad instar societatis solvit; 7. expulsione legitima conductoris à locatore facta. Legitimæ causæ expulsionis sunt hæ : (*a*) merces per biennium non soluta; (*b*) si propriis usibus dominus rem locatam necessariam esse probaverit; (*c*) si corrigere domum maluerit; (*d*) si locator male in re versata sit.

Qui, impleto tempore conductionis, sciente domino remansit in conductione, reconduxisse videtur; intelligitur enim dominus cum patitur colonum in fundo esse, ex integro locare. Quod autem diximus taciturnitate utriusque partis colonum reconduxisse videri, ita accipiendum est, ut in ipso anno quo tacuerunt videantur eamdem locationem renovasse non in sequentibus annis. In urbanis vero prædiis prout quisque habitaverit, ita et obligetur.

PROCÉDURE CIVILE.

Du désaveu.

§. 1.er *Principes généraux.*

Le désaveu est la désapprobation formelle que donne une partie à un acte du procès ou à un acte tenant à une exécution, fait en son nom par son avoué ou son huissier. Son but est de fournir au désavouant les moyens de se faire dédommager du tort causé par l'indiscrétion de l'officier ministériel.

L'ordonnance de 1667 ne parlait du désaveu que pour le placer au nombre des cas où il y avait lieu à requête civile; aussi la procédure en matière de désaveu n'était-elle pas la même dans les divers parlements. La manière de poursuivre le désaveu près le conseil, était établie par le règlement du 18 juin 1738.

Il est de principe qu'un mandant n'est point tenu au delà des pouvoirs qu'il a donnés (1989, C. civ.). D'après cela, ce qu'un mandataire a fait sans pouvoirs ou au delà des termes de son mandat, est nul de plein droit àl'égard du mandant. Mais il n'en est pas de même lorsqu'il s'agit des officiers ministériels : l'avoué ou l'huissier qui se dit revêtu du mandat d'une partie, et qui se trouve chargé de ses pièces, est présumé par la loi mandataire de cette partie et est cru en tout ce qu'il déclare pour elle; d'où il suit que l'acte qu'il ferait sans pouvoirs ou au delà de ses pouvoirs, n'est point nul, mais seulement annulable par l'action en désaveu intentée par la partie.

§. 2. Des cas où il y a lieu au désaveu.

Aucunes offres, aucun aveu ou consentement, ne pourront être faits, donnés ou acceptés sans un pouvoir spécial par un officier ministériel, à peine de désaveu : telle est la règle générale posée par l'article 352 du Code de procédure; mais l'action en désaveu procède-t-elle pour toute autre cause que des offres, aveux ou consentements? suffit-il, au contraire, de demander la nullité des autres actes où la loi exige un pouvoir spécial? Les auteurs sont divisés sur ce point; nous croyons que la voie du désaveu est ou obligée, ou utile et facultative. Elle est obligée, quand une partie ne peut faire tomber autrement l'acte qu'elle méconnaît et la procédure qui en est la suite : on est dans ce cas, lorsque l'acte est un de ceux que la loi défend formellement, à peine de désaveu, à l'huissier ou à l'avoué de faire sans un pouvoir spécial; elle est utile, lorsque l'acte désavoué ne rentre pas dans les pouvoirs d'office de l'officier ministériel et qu'il peut aussi être attaqué par la demande en déclaration de nullité. [1]

Cette action en désaveu est recevable tant que l'acte désavoué n'a point été ratifié, soit expressément, soit tacitement, ou exécuté par la partie. Ainsi, si le désaveu est formé à l'occasion d'un jugement qui a acquis force de chose jugée, il ne pourra être reçu après la

---

1. RAUTER, Cours de procédure civile, §. 239.

huitaine où le jugement devra être réputé exécuté aux termes de l'article 159 du Code de procédure, parce qu'alors la loi présume qu'il y a approbation tacite. Néanmoins, au cas où la demande en désaveu ne serait plus recevable, on pourrait toujours intenter l'action *mandati*, mais elle ne réfléchirait pas contre l'acte qui y donne lieu, ni contre le jugement rendu en faveur de la partie adverse.

C'était autrefois une question controversée parmi les auteurs les plus recommandables, que celle de savoir si le désaveu pouvait être dirigé contre les héritiers de l'officier ministériel. Deux arrêts du parlement de Paris[1] avaient adopté la négative, par la raison que le fait donnant lieu au désaveu était un fait personnel qu'on ne peut imputer aux héritiers. Le Code a confirmé l'avis de POTHIER, qui s'était décidé pour l'affirmative.

§. 3. *Forme du désaveu.*

Le désaveu est ou principal ou incident. Le désaveu principal est celui qu'on dirige contre un acte sur lequel il n'y a point encore d'instance, ou sur lequel il y a eu instance, mais qui est terminée. Le désaveu incident est celui qui est dirigé contre un acte fait dans le cours d'une instance encore existante. La procédure en désaveu principal est réglée par les articles 358 combiné à l'article 59, 356, 353 du Code de procédure; et la procédure en désaveu incident, par les articles 356, 353, 354 du Code de procédure, et l'article 75 du Tarif.

Toute demande en désaveu est communiquée au ministère public, à cause de la surveillance que la loi lui donne sur les officiers ministériels.

§. 4. *Effets du désaveu.*

1.° Après la demande en désaveu formée suivant l'article 353, il est sursis à toute procédure et au jugement de l'instance principale

---

1. 23 Février 1680; 14 Mars 1671.

jusqu'à celui du désaveu, sauf cependant à ordonner que le désavouant fera juger le désaveu dans un délai fixe, sinon qu'il sera fait droit.

2.° Le désaveu déclaré valable annule les actes qui y ont donné lieu, le jugement ou les dispositions du jugement relatives aux chefs désavoués.

Et 3.° le désavoué est condamné envers le désavouant et les autres parties, en tous dommages-intérêts et même puni d'interdiction ou poursuivi extraordinairement, suivant la gravité du cas et la nature des circonstances (36o).

Si le désaveu est rejeté, il sera fait mention du jugement de rejet en marge de l'acte de désaveu, et le demandeur pourra être condamné envers le désavoué et les autres parties en tels dommages et réparations qu'il appartiendra (361).

DROIT COMMERCIAL.

Du billet à ordre.

1.° *Notions générales.*

Le billet à ordre est une obligation mixte, tenant le milieu entre les obligations civiles et la lettre de change, par laquelle on s'engage dans les formes prescrites par la loi, à payer une somme d'argent à l'époque convenue.

Le billet à ordre n'a ni l'importance, ni tous les avantages de la lettre de change; mais il rend encore au commerce de grands et précieux services.

Le contrat d'où résulte l'obligation de livrer le billet à ordre n'est plus, comme le contrat de change, un contrat *do ut facias*, c'est un contrat *do ut des;* d'où il suit que celui qui s'est obligé à livrer un billet à ordre, peut y être forcé par celui avec lequel il a contracté, et n'est plus admis à invoquer en sa faveur l'article 1142 du Code civil.

Deux différences caractéristiques existent entre la lettre de change et le billet à ordre. 1.° La lettre de change porte essentiellement remise de place en place, et ne peut par conséquent être tirée que d'un lieu sur un autre. Le billet à ordre est payable ordinairement dans le lieu où il a été souscrit. 2.° La lettre de change ne tient sa nature que d'elle-même, et constate toujours une obligation commerciale. Le billet à ordre tient sa nature tout à la fois de la qualité des parties et de l'acte qu'il a pour cause. Ainsi, il n'est réputé commercial que lorsqu'il est signé par un commerçant ou lorsqu'il a pour cause une opération de commerce.

Mais que faut-il décider d'un billet à ordre revêtu de plusieurs signatures, si parmi les signataires il en est de commerçants et de non commerçants? il constate alors une obligation commerciale pour les premiers, et une obligation tantôt commerciale et tantôt civile pour les seconds : commerciale, quand le billet à ordre a pour cause un acte de commerce, et civile, dans le cas contraire. Quoique le billet à ordre signé par des individus commerçants et non commerçants ne soit effet commercial qu'en partie, néanmoins, aux termes de l'article 637, les tribunaux de commerce sont compétents pour connaître des contestations élevées à propos de ce billet. Il suffit pour cela d'une seule signature d'individu commerçant; mais la contrainte par corps ne pourra être prononcée contre les signataires non commerçants, à moins qu'ils ne se soient engagés à l'occasion d'opération de commerce.

2.° Énonciations nécessaires au billet à ordre.

1. Le billet à ordre est daté. La date, d'après son acception originaire, comprend, (*a*) l'indication du jour et (*b*) celle du lieu où la lettre est souscrite. La première indication a pour objet d'empêcher non-seulement que le tireur ne puisse pas dissimuler l'incapacité dont il serait frappé, mais encore que, dans aucun cas, il ne puisse nuire à ses créanciers, s'il était sur le point de faillir. La seconde indication fournit le moyen de constater la remise de place en place, et est exigée pour cela dans la lettre de change; mais la remise de place en place n'étant pas essentielle au billet à ordre, nous croyons que l'énonciation du lieu ne doit point être, comme celle du temps, exigée à peine de nullité.

2. Il énonce la somme à payer. Cette énonciation doit être précise, afin que le billet à ordre présente une obligation bien déterminée (arg. art. 1108 C. civ.). Au reste, la loi n'exige pas que cette somme soit exprimée en toutes lettres, elle peut l'être en chiffres; mais la prudence conseille la première manière.

3. Le nom de celui à l'ordre de qui il est souscrit. Il faut que le

billet soit *à ordre*, sinon il ne serait point transmissible par endossement.

4. L'époque à laquelle le paiement doit s'effectuer.

5. La valeur fournie. Cette énonciation en comprend deux autres : (*a*) celle d'une valeur fournie, (*b*) celle de la manière dont la valeur a été fournie. Cette disposition est une application du principe que tout engagement doit avoir une cause (1108, C. civ.), et une dérogation à celui qui en suppose une dans les actes qui n'en expriment pas (1132, C. civ.).

Le billet à ordre se fait ordinairement sous seing privé; mais il peut être passé en forme authentique. On peut même stipuler une hypothèque pour la sûreté du paiement.

3.° *Dispositions relatives à la lettre de change applicables au billet à ordre.*

Toutes les dispositions relatives aux lettres de change et concernant l'échéance, l'endossement, la solidarité, l'aval, le paiement, le paiement par intervention, le protêt (faute de paiement), les devoirs et droits du porteur, le rechange ou les intérêts, sont applicables aux billets à ordre, sans préjudice des dispositions relatives aux cas prévus par les articles 636, 637 et 638 (187).

Dans la comparaison du billet à ordre avec la lettre de change, il ne faut point oublier que le souscripteur de l'un est à la place tout à la fois du tireur et de l'accepteur de l'autre, ce qui rend inapplicable au premier les règles sur l'acceptation, l'acceptation par intervention, le protêt faute d'acceptation, et la provision. Aussi l'article 187 n'y renvoie-t-il pas.

FIN.